Impressum
Verlag: BABADADA GmbH, Nedderfeld 112 , 22529 Hamburg
Geschäftsführer / Verlagsleitung: Harald Hof
Druck: Books on Demand GmbH, In de Tarpen 42, 22848 Norderstedt

Imprint
Publisher: BABADADA GmbH, Nedderfeld 112 , 22529 Hamburg, Germany
Managing Director / Publishing direction: Harald Hof
Print: Books on Demand GmbH, In de Tarpen 42, 22848 Norderstedt, Germany

xue xiao

escola

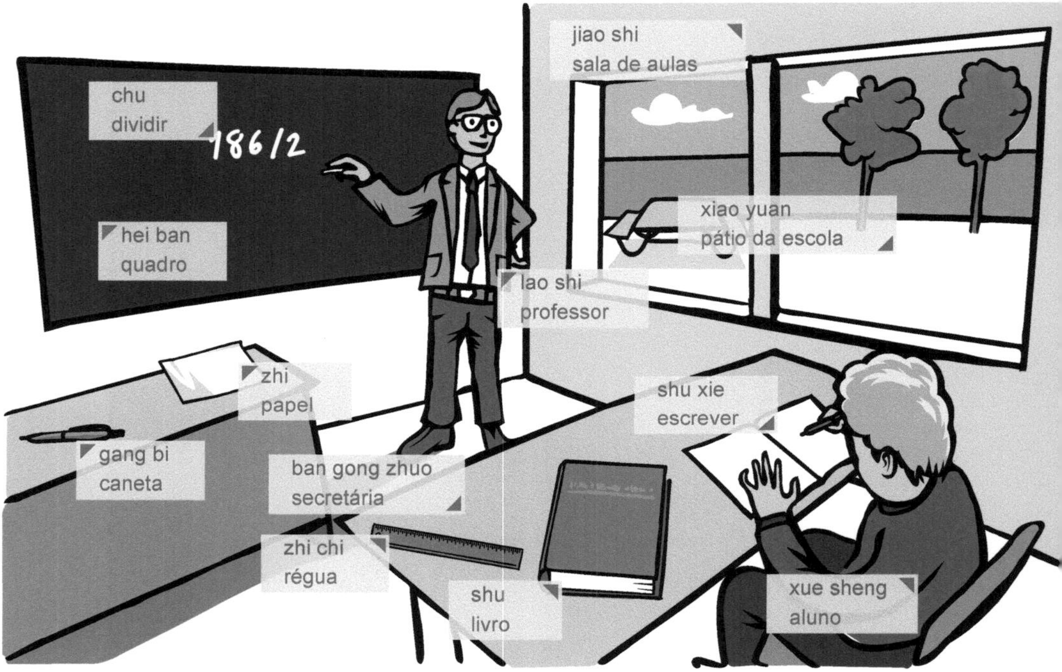

chu
dividir
186/2
jiao shi
sala de aulas
hei ban
quadro
xiao yuan
pátio da escola
lao shi
professor
zhi
papel
shu xie
escrever
gang bi
caneta
ban gong zhuo
secretária
zhi chi
régua
shu
livro
xue sheng
aluno

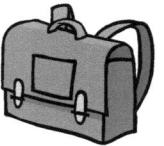

shu bao

mochila

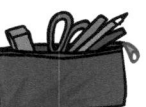

qian bi he

estojo de lápis

qian bi

lápis

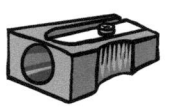

juan bi dao

afia-lápis

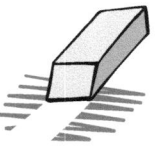

xiang pi ca

borracha

hua ban

bloco de desenho

tu hua

desenho

hua bi

pincel

yan liao he

caixa de tintas

jian dao

tesoura

jiao shui

cola

lian xi ce

livro de exercícios

jia ting zuo ye

trabalhos de casa

shu zi

número

jia

somar

jian

subtrair

cheng

multiplicar

ji suan

calcular

zi mu

letra

zi mu biao

alfabeto

zi

palavra

ke wen

texto

du

ler

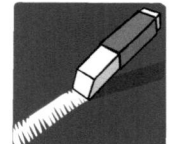

fen bi

giz

shang ke

hora

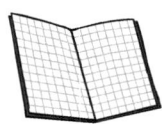

deng ji

registo de presenças

kao shi

exame

zheng shu

certificado

xiao fu

uniforme escolar

jiao yu

educação

bai ke quan shu

enciclopédia

da xue

universidade

xian wei jing

microscópio

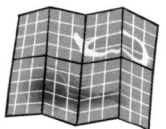

di tu

mapa

fei zhi kuang

cesto de lixo

lü xing
viagem

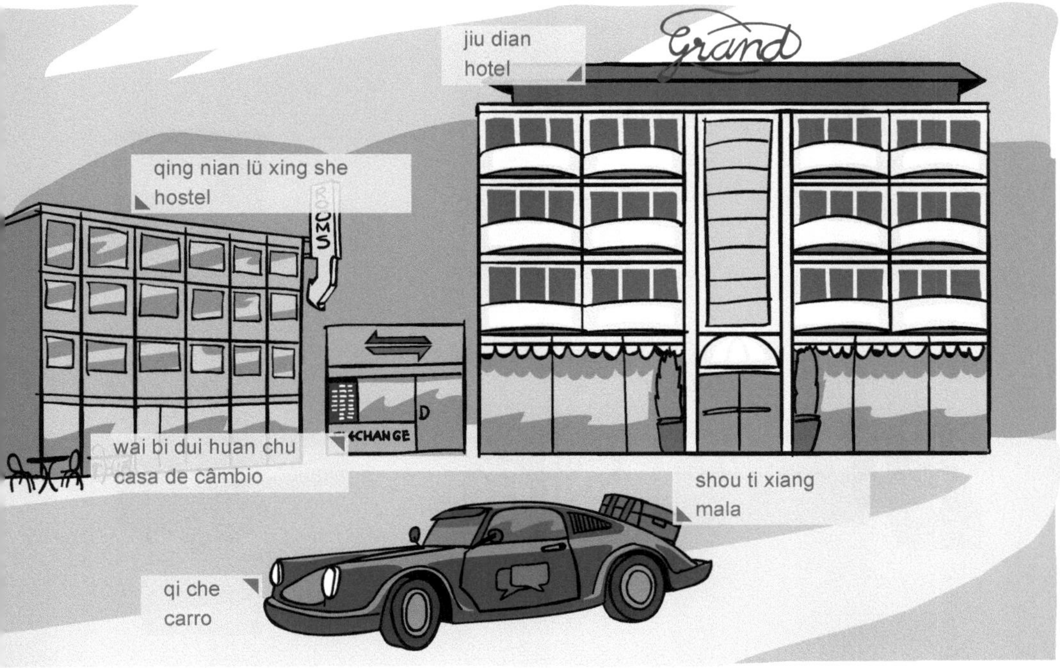
jiu dian
hotel
Grand
qing nian lü xing she
hostel
ROOMS
wai bi dui huan chu
casa de câmbio
EXCHANGE
shou ti xiang
mala
qi che
carro

yu yan
idioma

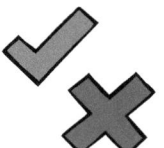

shi/fou
sim / não

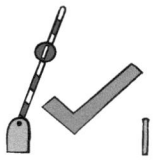

hao de
ok / certo / correto

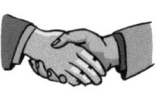

nin hao
olá

fan yi yuan
intérprete

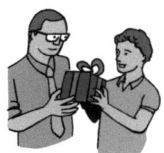

xie xie
obrigado

......duo shao qian?

quanto é que custa... ?

wo bu ming bai

não entendo

wen ti

problema

wan shang hao!

boa noite!

zao shang hao!

Bom dia!

wan an!

Boa noite!

zai jian

adeus

fang xiang

direção

xing li

bagagem

bao

saco

shuang jian bao

mochila

ke ren

convidado

fang jian

quarto

shui dai

saco-cama

zhang peng

tenda

lü you xin xi

informação turística

hai tan

praia

xin yong ka

cartão de crédito

zao can

pequeno-almoço

wu can

almoço

wan can

jantar

piao

bilhete

dian ti

elevador

you piao

selo postal

bian jie

fronteira

hai guan

alfândega

da shi guan

embaixada

qian zheng

visto

hu zhao

passaporte

jiao tong yun shu
transporte

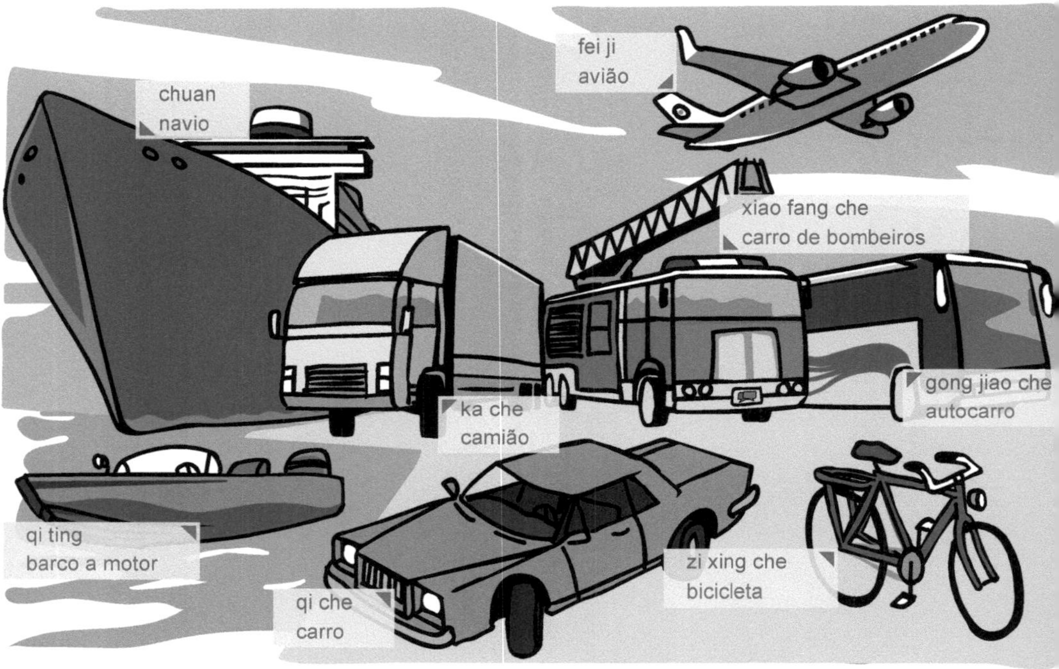
fei ji
avião
chuan
navio
xiao fang che
carro de bombeiros
gong jiao che
autocarro
ka che
camião
qi ting
barco a motor
zi xing che
bicicleta
qi che
carro

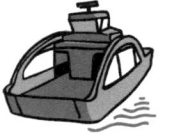

bai du chuan
cacilheiro

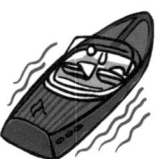

xiao chuan
barco

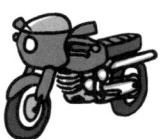

mo tuo che
mota

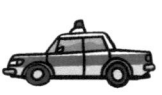

jing che
carro de polícia

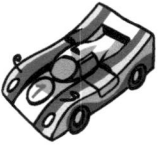

sai che
carro de corrida

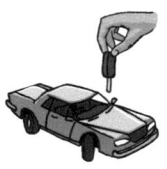

zu che
carro alugado

pin che

carsharing

tuo che

camião de reboque

la ji che

camião do lixo

fa dong ji

motor

qi you

combustível

jia you zhan

estação de serviço

jiao tong biao zhi

sinal de trânsito

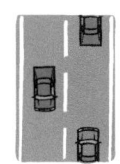

jiao tong

trânsito

jiao tong du sai

congestionamento de trânsito

ting che chang

parque de estacionamento

huo che zhan

estação ferroviária

gui dao

carris

huo che

comboio

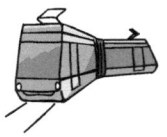

dian che

elétrico

huo che

carruagem

zhi sheng ji

helicóptero

ji chang

aeroporto

ta

torre

cheng ke

passageiro

ji zhuang xiang

contentor

zhi ban xiang

caixa de papelão

shou tui che

carrinho

lan zi

cesto

qi fei/jiang luo

levantar voo / aterrar

cheng shi

cidade

cun zhuang

aldeia

shi zhong xin

centro da cidade

fang zi

casa

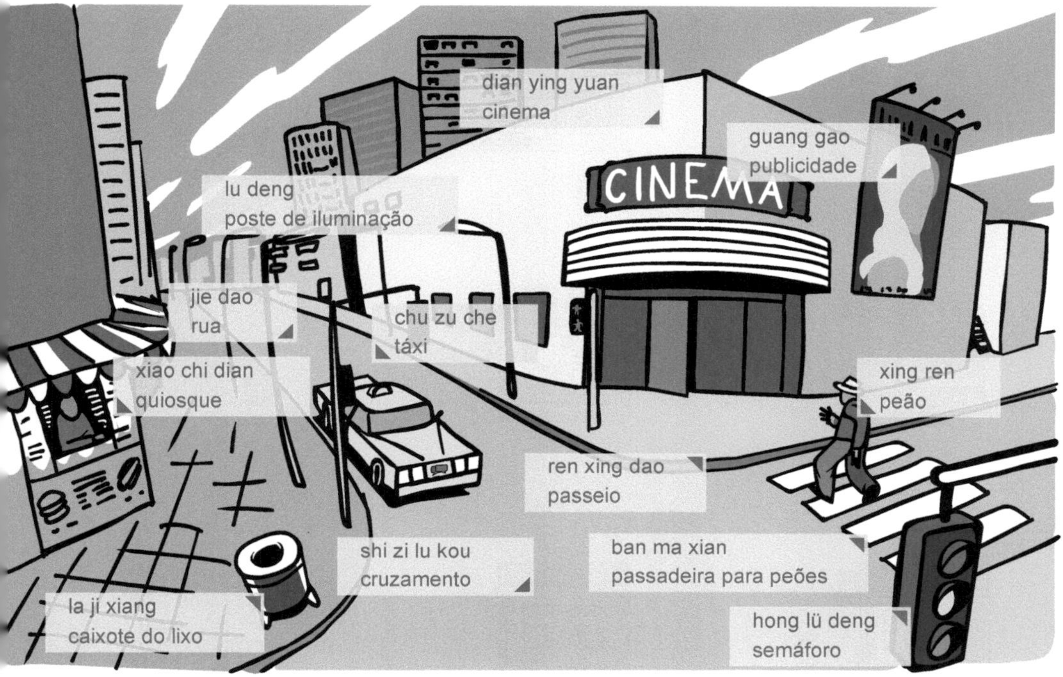
dian ying yuan
cinema
CINEMA
guang gao
publicidade
lu deng
poste de iluminação
jie dao
rua
chu zu che
táxi
xiao chi dian
quiosque
xing ren
peão
ren xing dao
passeio
shi zi lu kou
cruzamento
ban ma xian
passadeira para peões
la ji xiang
caixote do lixo
hong lü deng
semáforo

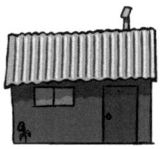

xiao wu

cabana

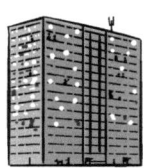

gong yu

apartamento

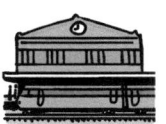

huo che zhan

estação ferroviária

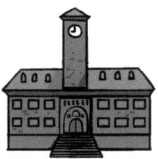

shi zheng ting

câmara municipal

MUSEUM

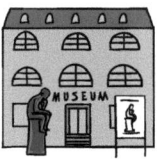

bo wu guan

museu

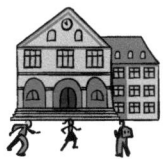

xue xiao

escola

da xue

universidade

yin hang

banco

yi yuan

hospital

jiu dian

hotel

yao fang

farmácia

ban gong shi

escritório

shu dian

livraria

shang dian

loja

hua dian

florista

chao shi

supermercado

shi chang

mercado

bai huo shang dian

loja de departamentos

yu dian

peixaria

gou wu zhong xin

centro comercial

hai gang

porto

cheng shi - cidade

gong yuan

parque

chang deng

banco

qiao

ponte

lou ti

escadas

di tie

metro

sui dao

túnel

gong jiao che zhan

paragem de autocarro

jiu ba

bar

can guan

restaurante

you tong

caixa de correio

lu biao

sinal de trânsito

ting che ji shi qi

parquímetro

dong wu yuan

jardim zoológico

you yong guan

piscina

qing zhen si

mesquita

nong chang

quinta

wu ran

poluição

mu di

cemitério

jiao tang

igreja

cao chang

parque infantil

si miao

templo

di xing
paisagem

shu ye
folha

zhi shi pai
placa de sinalização

lu
caminho

cao di
prado

shi tou
pedra

tu bu lü xing zhe
caminhantes

shu
árvore

he
rio

cao
relva

hua
flor

xia gu

vale

shan

montanha

hu

lago

sen lin

floresta

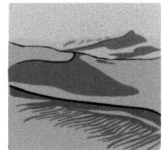

sha mo

deserto

huo shan

vulcão

cheng bao

castelo

cai hong

arco-íris

mo gu

cogumelo

zong lü shu

palma

wen zi

mosquito

cang ying

mosca

ma yi

formiga

mi feng

abelha

zhi zhu

aranha

jia chong

besouro

qing wa

sapo

song shu

esquilo

ci wei

ouriço

ye tu

lebre

mao tou ying

coruja

niao

pássaro

tian e

cisne

ye zhu

javali

lu

veado

mi lu

alce

shui ba

barragem

feng li fa dian ji

turbina eólica

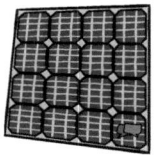

tai yang neng dian chi ban

painel solar

qi hou

clima

can guan

restaurante

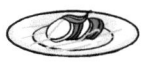

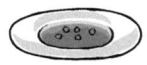

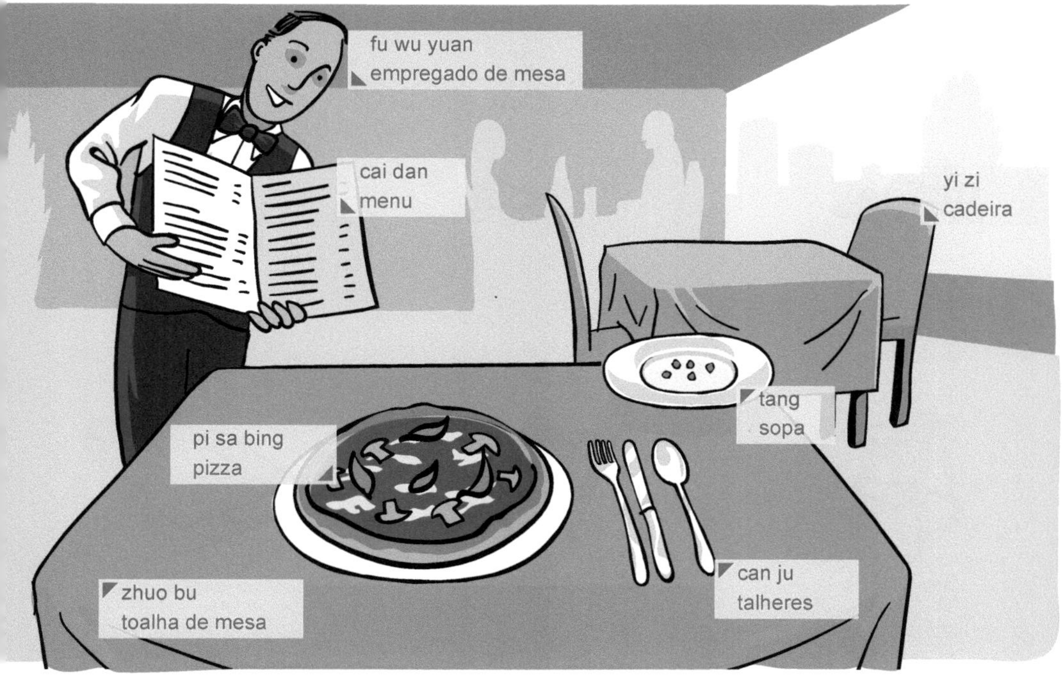

fu wu yuan
empregado de mesa
cai dan
menu
yi zi
cadeira
tang
sopa
pi sa bing
pizza
zhuo bu
toalha de mesa
can ju
talheres

qian cai

entrada

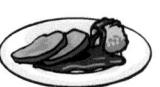

zhu cai

prato principal

tian dian

sobremesa

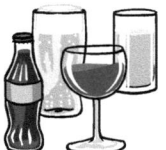

yin liao

bebidas

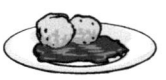

shi wu

comida

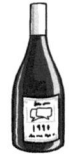

ping zi

garrafa

kuai can

fast food

jie bian xiao chi

comida de rua

cha hu

bule de chá

tang he

açucareiro

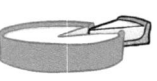

yi fen fan cai

porção

yi shi ka fei ji

máquina de café expresso

gao jiao yi

cadeira alta

zhang dan

conta

tuo pan

bandeja

dao

faca

can cha

garfo

shao zi

colher

cha chi

colher de chá

can jin

guardanapo

bo li bei

copo

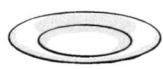

die zi

prato

tang pan

prato de sopa

die zi

pires

jiang

molho

yan ping

saleiro

hu jiao mo

moinho de pimenta

cu

vinagre

shi yong you

óleo

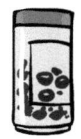

tiao wei liao

especiarias

fan qie jiang

ketchup

jie mo

mostarda

dan huang jiang

maionese

chao shi

supermercado

te jia
oferta especial
FOR
gu ke
cliente
ru zhi pin
laticínios
shui guo
fruta
gou wu che
carrinho de compras

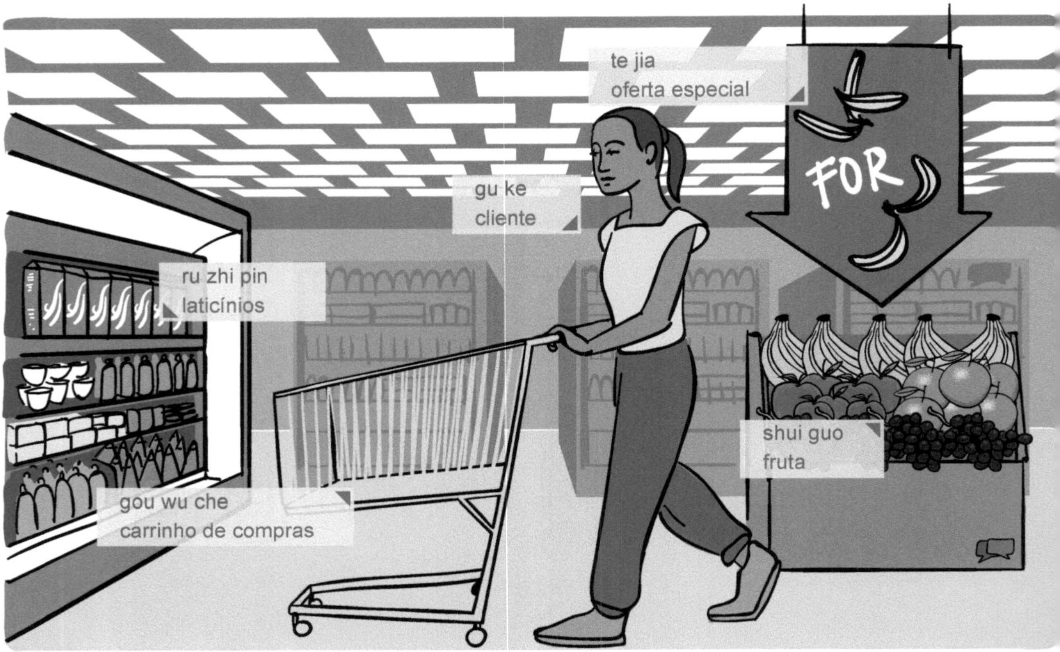

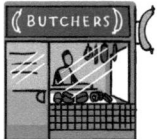

BUTCHERS

rou pu

talho

BAKERY

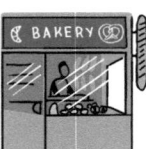

mian bao fang

padaria

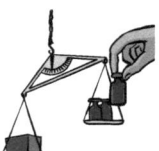

cheng zhong

pesar

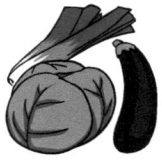

shu cai

vegetais

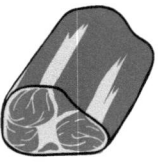

rou

carne

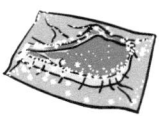

leng dong shi pin

alimentos congelados

leng pan

charcutaria

guan tou shi pin

comida enlatada

xi yi fen

detergente em pó

tian shi

doces

ri yong pin

artigos domésticos

qing jie yong pin

produtos de limpeza

xiao shou yuan

vendedora

shou yin ji

caixa

shou yin yuan

caixa

gou wu qing dan

lista de compras

kai fang shi jian

horário de funcionamento

qian bao

carteira

xin yong ka

cartão de crédito

dai zi

saco

su liao dai

saco de plástico

shui

água

guo zhi

sumo

niu nai

leite

ke le

coca-cola

hong jiu

vinho

pi jiu

cerveja

jiu

álcool

ke ke

cacau

cha

chá

ka fei

café

yi shi nong suo ka fei

café expresso

ka bu qi nuo

capuccino

xiang jiao

banana

ping guo

maçã

cheng zi

laranja

xi gua

melão

ning meng

limão

hu luo bo

cenoura

da suan

alho

zhu zi

bambu

yang cong

cebola

mo gu

cogumelo

jian guo

nozes

mian tiao

talharim

yi da li mian tiao

esparguete

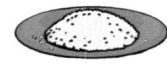

mi fan

arroz

sha la

salada

shu tiao

batatas fritas

zha tu dou

batatas fritas

pi sa bing

pizza

han bao bao

hambúrguer

san ming zhi

sanduíche

zha zhu pai

bife panado

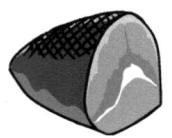

huo tui

fiambre

sa la mi

salame

xiang chang

salsicha

ji rou

galinha

kao rou

assado

yu

peixe

yan mai pian

flocos de aveia

mu zi li

muesli

yu mi pian

flocos de milho

mian fen

farinha

yang jiao mian bao

croissant

mian bao juan

carcaça (pãozinho)

mian bao

pão

kao mian bao

torrada

bing gan

biscoitos

huang you

manteiga

ning ru

requeijão

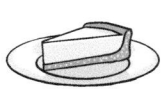

dan gao

bolo

dan

ovo

jian dan

ovo estrelado

nai lao

queijo

bing ji lin

gelado

tang

açúcar

feng mi

mel

guo jiang

compota

qiao ke li jiang

creme de nougat

ga li fan

caril

nong chang
quinta

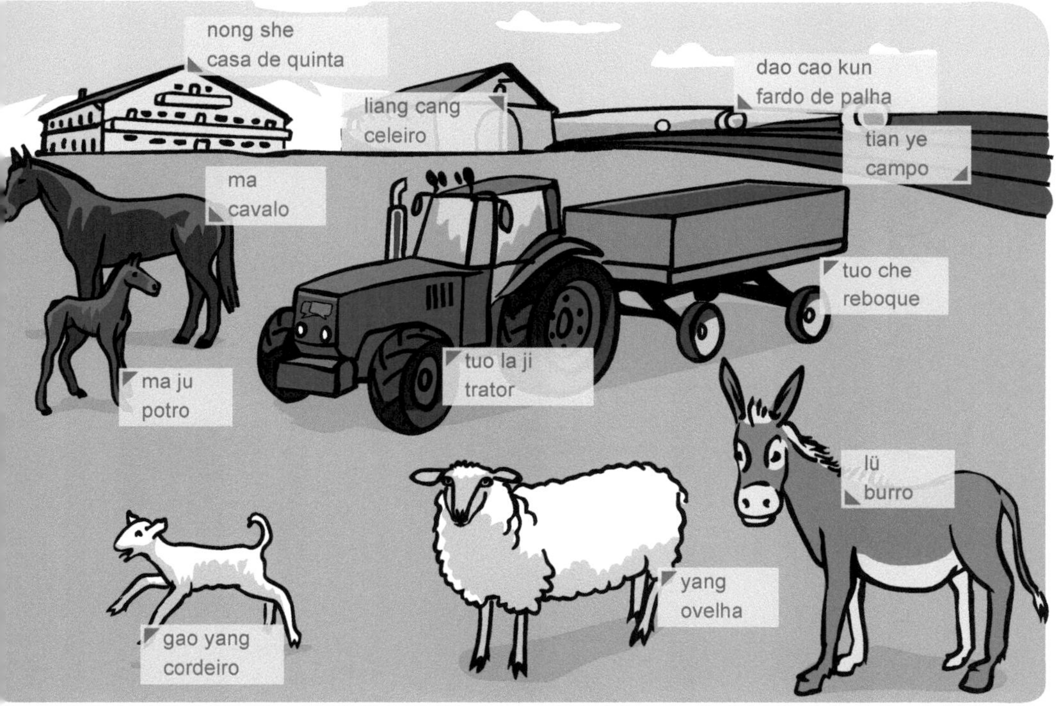
nong she
casa de quinta
liang cang
celeiro
dao cao kun
fardo de palha
tian ye
campo
ma
cavalo
tuo che
reboque
tuo la ji
trator
ma ju
potro
lü
burro
yang
ovelha
gao yang
cordeiro

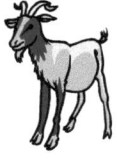

shan yang

cabra

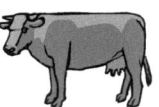

nai niu

vaca

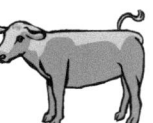

niu du

bezerro

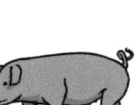

zhu

porco

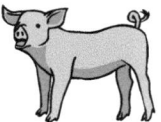

xiao zhu

leitão

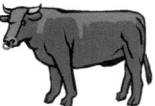

gong niu

touro

e

ganso

ya

pato

xiao ji

pintaínho

mu ji

galinha

gong ji

galo

shu

ratazana

mao

gato

lao shu

rato

niu

boi

gou

cão

gou wu

casota

hua yuan jiao shui ruan guan

mangueira de jardim

sa shui hu

regador

chang bing da lian dao

foice

li

arado

lian dao

foice

chu tou

enxada

chang bing cao pa

forquilha

fu tou

machado

du lun shou tui che

carrinho de mão

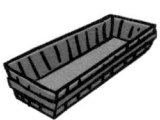

si liao cao

manjedoura

niu nai guan

jarro de leite

ma bu dai

saco

zha lan

cerca

ma jiu

estábulo

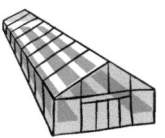

wen shi

estufa

tu rang

solo

zhong zi

semente

fei liao

fertilizante

lian he shou ge ji

ceifeira-debulhadora

shou ge

colher

shou ge

colheita

shan yao

inhame

xiao mai

trigo

da dou

soja

tu dou

batata

yu mi

milho

you cai zi

colza

guo shu

árvore de fruto

shu shu

mandioca

gu wu

cereais

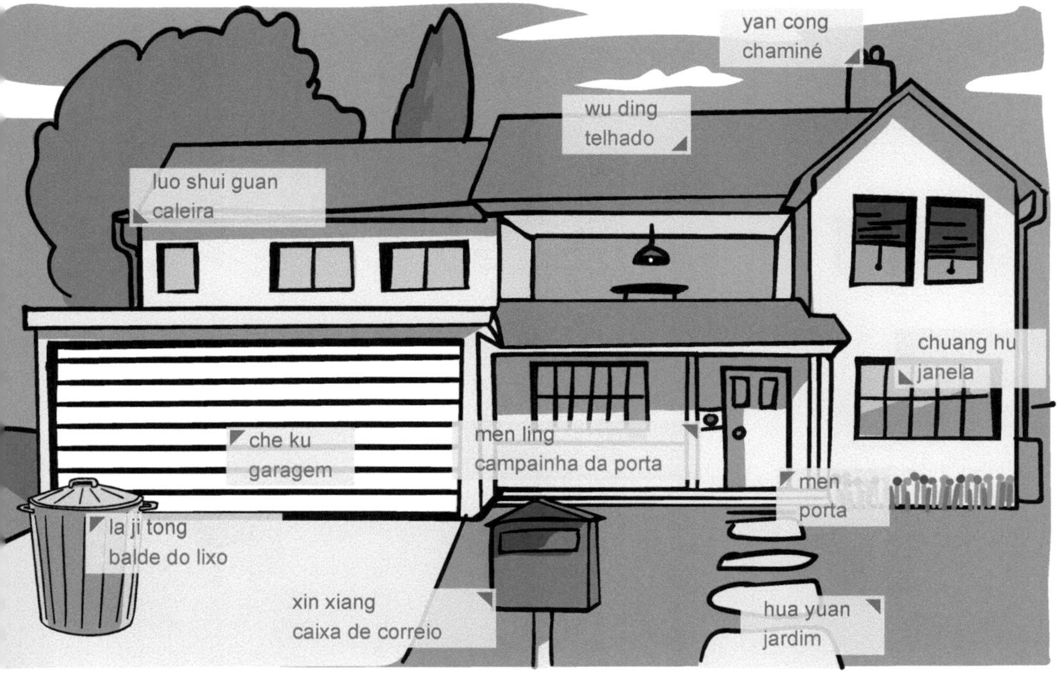

yan cong
chaminé

wu ding
telhado

luo shui guan
caleira

chuang hu
janela

che ku
garagem

men ling
campainha da porta

men
porta

la ji tong
balde do lixo

xin xiang
caixa de correio

hua yuan
jardim

ke ting

sala de estar

yu shi

casa de banho

chu fang

cozinha

wo shi

quarto de dormir

er tong fang

quarto de criança

can ting

sala de jantar

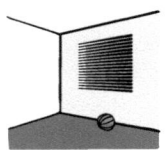

di ban
chão

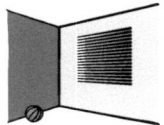

qiang bi
parede

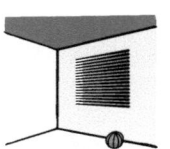

diao ding
teto

di jiao
cave

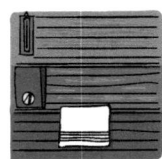

sang na
sauna

yang tai
varanda

lu tai
terraço

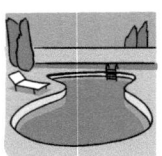

you yong chi
piscina

ge cao ji
máquina de cortar relvado

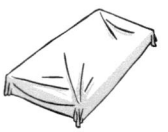

bei dan
lençol

chuang zhao
cobertor

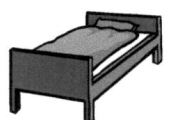

chuang
cama

sao zhou
vassoura

shui tong
balde

kai guan
interruptor

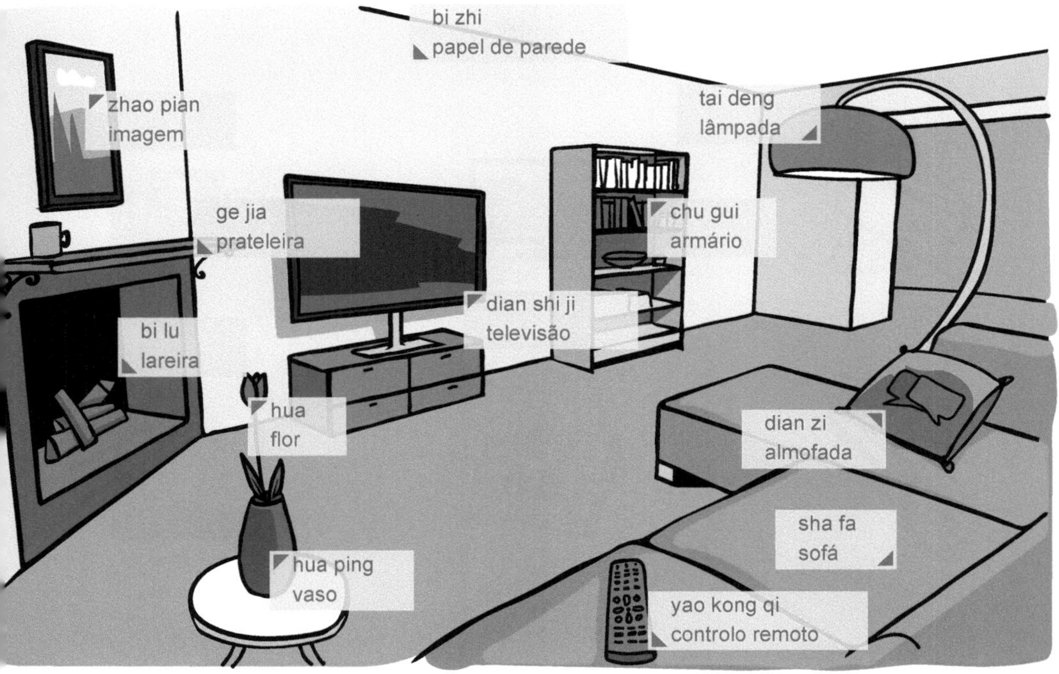

bi zhi
papel de parede

zhao pian
imagem

tai deng
lâmpada

ge jia
prateleira

chu gui
armário

bi lu
lareira

dian shi ji
televisão

hua
flor

dian zi
almofada

sha fa
sofá

hua ping
vaso

yao kong qi
controlo remoto

di tan

tapete

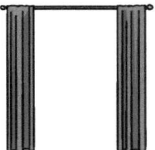

chuang lian

cortina

can zhuo

mesa

yi zi

cadeira

yao yi

cadeira de baloiço

fu shou yi

poltrona

shu

livro

tan zi

cobertor

zhuang shi pin

decoração

mu chai

lenha

dian ying

filme

gao bao zhen yin xiang

sistema estéreo

yao shi

chave

bao zhi

jornal

you hua

pintura

hai bao

póster

shou yin ji

rádio

bi ji ben

bloco de notas

xi chen qi

aspirador

xian ren zhang

cato

la zhu

vela

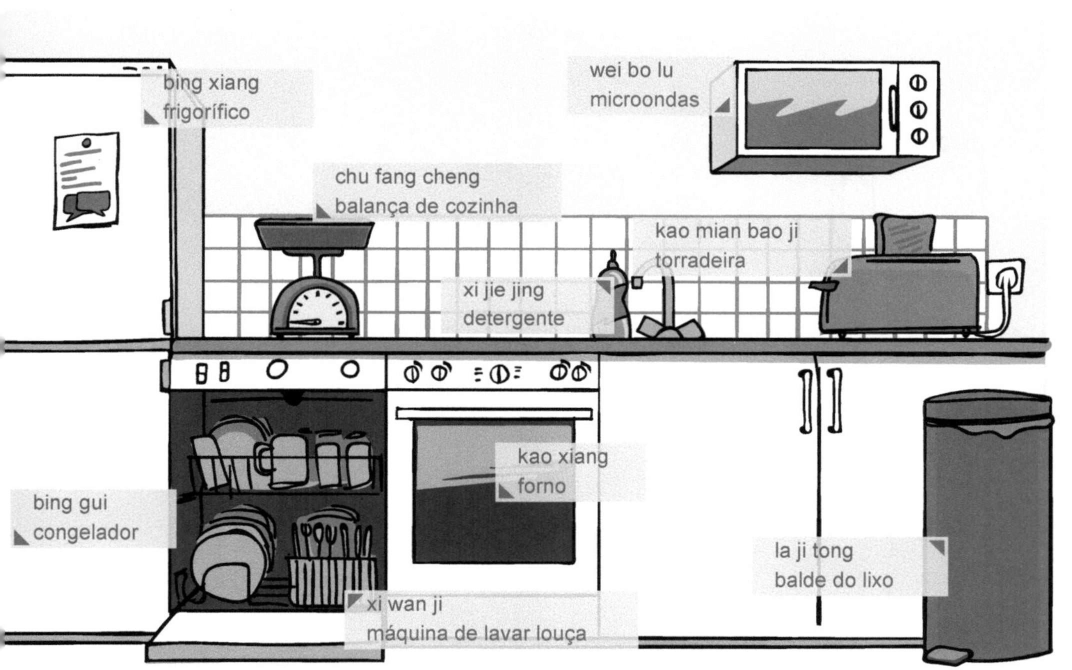

bing xiang
frigorífico

wei bo lu
microondas

chu fang cheng
balança de cozinha

kao mian bao ji
torradeira

xi jie jing
detergente

bing gui
congelador

kao xiang
forno

la ji tong
balde do lixo

xi wan ji
máquina de lavar louça

chui ju

fogão

guo

panela

zhu tie guo

panela de ferro

sha guo

wok / kadai

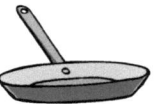

ping di guo

frigideira

shui hu

chaleira

zheng guo

panela a vapor

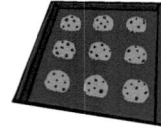

kao pan

tabuleiro de forno

tao ci guo

louça

ma ke bei

caneca

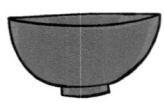

wan

tigela

kuai zi

pauzinhos

chang bing shao

concha de sopa

chan zi

espátula

jiao ban qi

batedor de claras

lü wang

escorredor

shai zi

peneira

mo sui ji

ralador

yan bo

almofariz

shao kao

churrasqueira

ming huo

lareira

cai ban

tábua de cortar

gan mian zhang

rolo da massa

kai ping qi

saca-rolhas

guan zi

lata

kai ping qi

abridor de latas

ge re shou tao

luvas de forno

shui cao

lava-loiça

shua zi

escova

hai mian

esponja

jiao ban ji

liquidificador

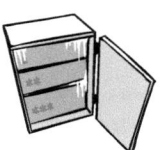

leng cang xiang

arca frigorífica

nai ping

biberão

shui long tou

torneira

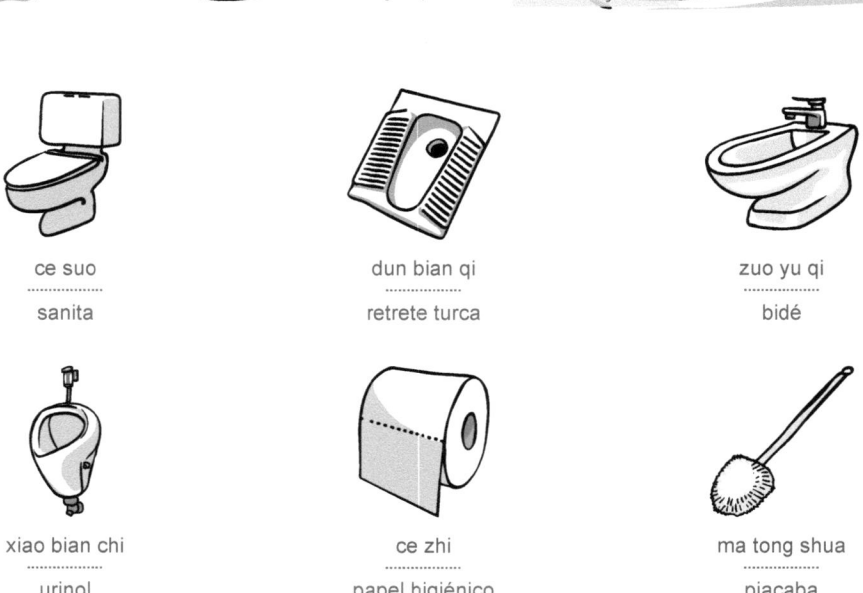

yu shi

casa de banho

lin yu
chuveiro
gong nuan she bei
aquecimento
mao jin
toalha
yu lian
cortina de chuveiro
pao mo yu
banho de espuma
yu gang
banheira
bo li bei
copo
xi yi ji
máquina de lavar roupa
shui long tou
torneira
ci zhuan
azulejos
bian hu
penico
shui cao
lava-loiça

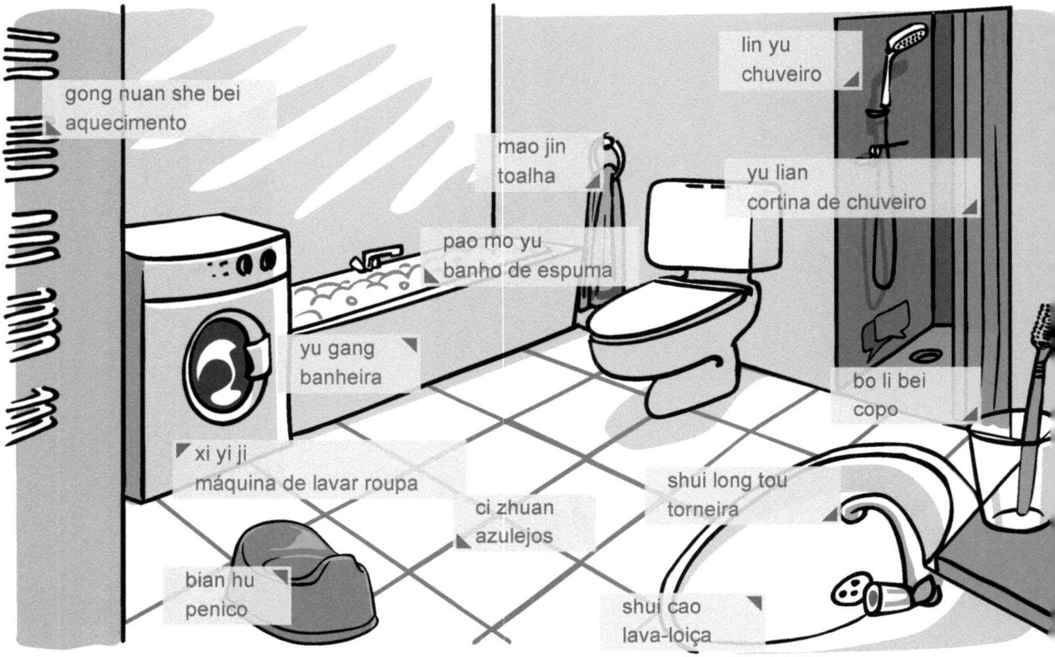

ce suo

sanita

dun bian qi

retrete turca

zuo yu qi

bidé

xiao bian chi

urinol

ce zhi

papel higiénico

ma tong shua

piaçaba

ya shua

escova de dentes

ya gao

pasta de dentes

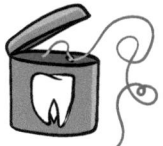

ya xian

fio dentário

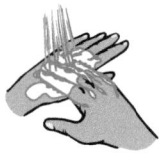

xi

lavar

shou chi shi pen lin tou

chuveiro de mão

chong xi qi

duche íntimo

xi lian pen

bacia

ca bei shua

escova para as costas

fei zao

sabonete

mu yu lu

gel de banho

xi fa shui

champô

fa lan rong

toalha de rosto

pai shui

escoamento

ru shuang

creme

chu chou ji

desodorizante

jing zi

espelho

shou jing

espelho de mão

ti xu dao

máquina de barbear

ti xu pao mo

creme de barbear

xu hou shui

loção pós-barba

shu zi

pente

shua zi

escova

chui feng ji

secador de cabelo

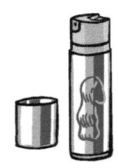

pen fa ding xing ji

spray de cabelo

hua zhuang pin

maquilhagem

chun gao

batom

zhi jia you

verniz de unhas

hua zhuang mian

algodão

zhi jia jian

tesoura para unhas

xiang shui

perfume

xi shu bao

nécessaire

deng zi

tamborete

ji zhong cheng

balança

yu pao

roupão de banho

xiang jiao shou tao

luvas de borracha

wei sheng mian tiao

tampão

wei sheng jin

penso higiénico

hua xue ce suo

WC químico

er tong fang
quarto de criança

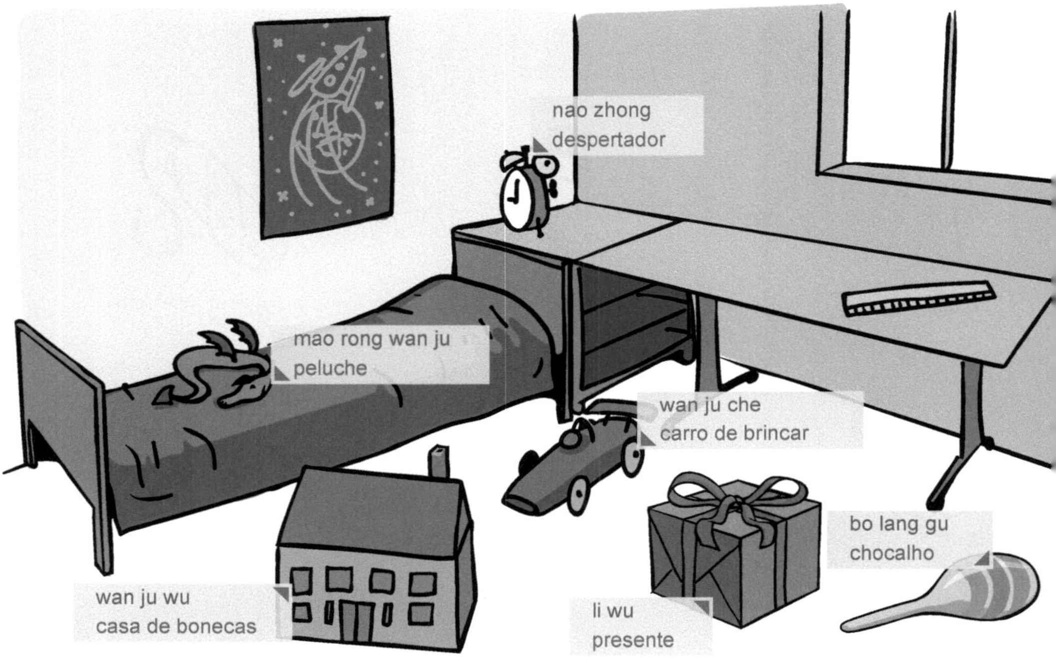

nao zhong
despertador
mao rong wan ju
peluche
wan ju che
carro de brincar
bo lang gu
chocalho
wan ju wu
casa de bonecas
li wu
presente

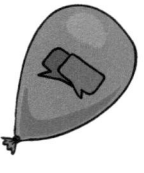

qi qiu

balão

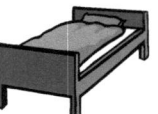

chuang

cama

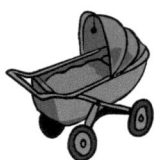

(yang wa wa yong)ying er che

carrinho de bebé

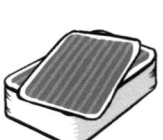

pu ke pai

jogo de cartas

pin tu

quebra-cabeças

SUPER
MEGA

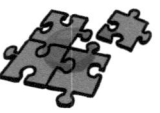

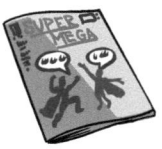

man hua

banda desenhada

le gao ji mu

peças de Lego

ji mu wan ju

blocos de construção

wan ju ren

figura de ação

ying er fu

fato de bebé

fei pan

Frisbee

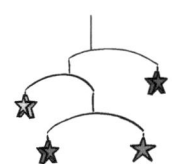

chuang ling wan ju

móbile para bebé

qi pan you xi

jogo de tabuleiro

shai zi

dados

huo che mo xing

pista de comboio elétrico

an fu nai zui

chupeta

ju hui

festa

hui ben

livro ilustrado

qiu

bola

yang wa wa

boneca

wan

jogar

sha keng

caixa de areia

qiu qian

baloiço

wan ju

brinquedos

you xi ji

consola de jogos

san lun che

triciclo

tai di xiong

ursinho de peluche

yi chu

guarda-roupa

yi fu

vestuário

wa zi

meias

chang wa

meias pelo joelho

jin shen ku

meias-calças

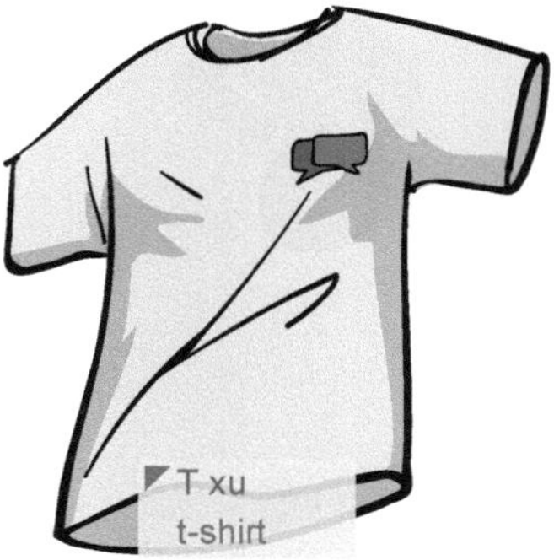

wei jin
cachecol

pi dai
cinto

yu san
guarda-chuva

T xu
t-shirt

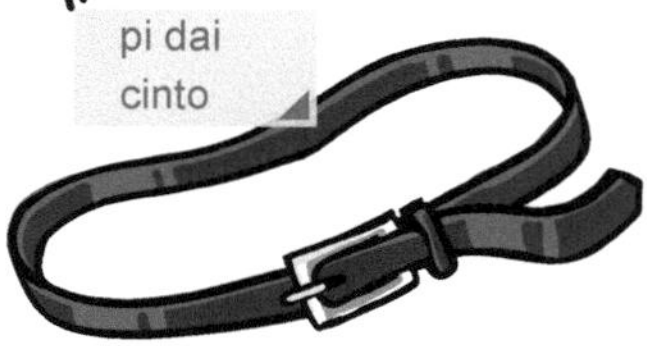

yun dong xie
sapatilhas

xue zi
botas

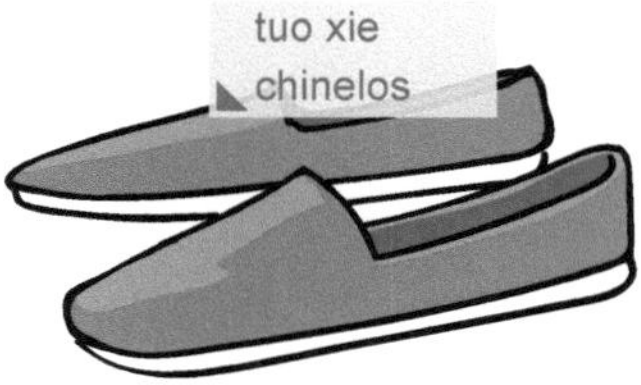

tuo xie
chinelos

liang xie

sandálias

xie

sapatos

yu xue

botas de borracha

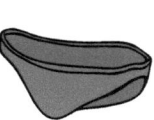

nei ku

cuecas

xiong zhao

sutiã

bei xin

camisola interior

shen ti

body

ku zi

calças

niu zai ku

calças de ganga

duan qun

saia

nü shi chen shan

blusa

chen shan

camisa

tao tou shan

pulôver

wei yi

camisola com capuz

xi zhuang jia ke

blazer

jia ke

casaco

wai tao

manto

yu yi

gabardina

tao zhuang

traje

lian yi qun

vestido

hun sha

vestido de casamento

xi zhuang

fato

shui pao

camisa de dormir

shui yi

pijama

sha li

sari

tou jin

lenço de cabeça

bao tou jin

turbante

bo ka

burca

ka fu tan

cafetã

(a la bo shi)chang pao

abaya

yong yi

fato de banho

nan shi yong ku

calções de banho

duan ku

calções

yun dong fu

fato de treino

wei qun

avental

shou tao

luvas

niu kou

botão

yan jing

óculos

shou lian

pulseira

xiang lian

colar

jie zhi

anel

er huan

brinco

bian mao

boné

yi jia

cabide

mao zi

chapéu

ling dai

gravata

la lian

fecho de correr

tou kui

capacete

bei dai

suspensórios

xiao fu

uniforme escolar

zhi fu

uniforme

wei dou

babete

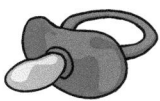

an fu nai zui

chupeta

niao bu shi

fralda

ban gong shi
escritório

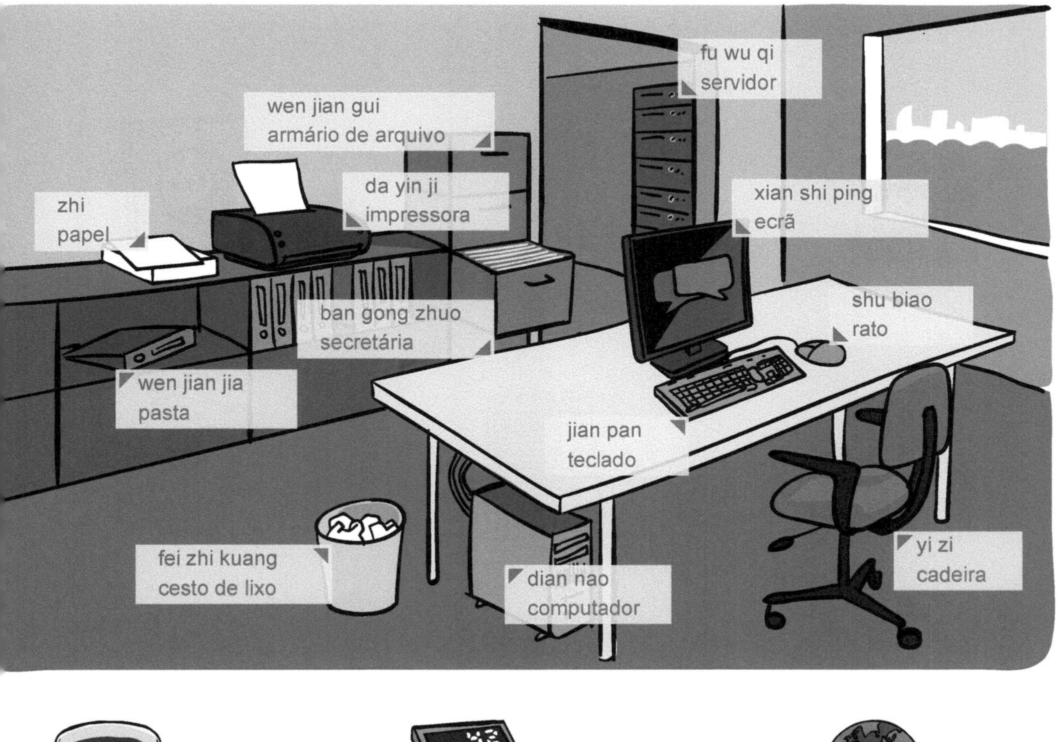

fu wu qi
servidor

wen jian gui
armário de arquivo

da yin ji
impressora

zhi
papel

xian shi ping
ecrã

ban gong zhuo
secretária

shu biao
rato

wen jian jia
pasta

jian pan
teclado

fei zhi kuang
cesto de lixo

dian nao
computador

yi zi
cadeira

ka fei bei

caneca de café

ji suan qi

calculadora

yin te wang

internet

bi ji ben dian nao

computador portátil

xin jian

carta

xiao xi

mensagem

shou ji

telemóvel

wang luo

rede

fu yin ji

fotocopiadora

ruan jian

software

dian hua

telefone

cha zuo

tomada elétrica

chuan zhen ji

fax

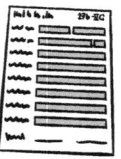

biao ge

formulário

wen jian

documento

mai

comprar

fu qian

pagar

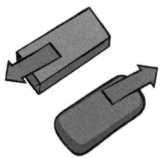

jiao yi

negociar

xian jin

dinheiro

mei yuan

dólar

ou yuan

euro

ri yuan

yen

lu bu

rublo

rui shi fa lang

franco suíço

ren min bi

renminbi yuan

lu bi

rupia

ti kuan chu

caixa de multibanco

wai bi dui huan chu

casa de câmbio

jin

ouro

yin

prata

shi you

petróleo

neng yuan

energia

jia ge

preço

he tong

contrato

shui jin

imposto

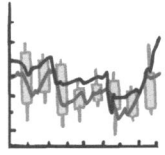

gu piao

ação

gong zuo

trabalhar

zhi yuan

empregado

lao ban

entidade patronal

gong chang

fábrica

shang dian

loja

jing guan
agente da polícia

xiao fang yuan
bombeiro

chu shi
cozinheiro

yi sheng
médico

fei xing yuan
piloto

yuan ding

jardineiro

mu jiang

carpinteiro

cai feng

costureira

fa guan

juiz

hua xue jia

químico

yan yuan

ator

gong jiao che si ji

motorista de autocarro

chu zu che si ji

motorista de táxi

yu fu

pescador

qing jie nü gong

empregada de limpeza

wu ding gong

telhador

fu wu yuan

empregado de mesa

lie ren

caçador

hua jia

pintor

mian bao shi

padeiro

dian gong

eletricista

jian zhu gong ren

construtor

gong cheng shi

engenheiro

tu fu

talhante

shui guan gong

canalizador

you di yuan

carteiro

shi bing

soldado

jian zhu shi

arquiteto

shou yin yuan

caixa

hua nong

florista

li fa shi

cabeleireiro

shou piao yuan

controlador de bilhetes

ji xie shi

mecânico

chuan zhang

capitão

ya yi

dentista

ke xue jia

cientista

la bi

rabino

yi ma mu

imã

he shang

monge

mu shi

pastor

gong ju
ferramentas

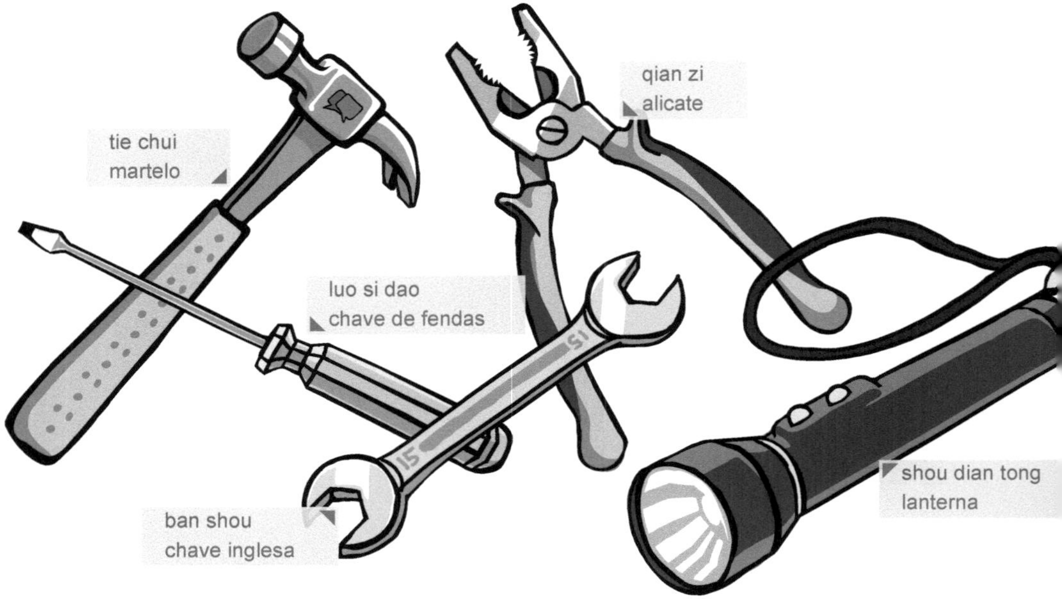
tie chui
martelo
qian zi
alicate
luo si dao
chave de fendas
ban shou
chave inglesa
shou dian tong
lanterna

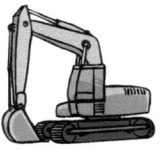

wa jue ji

escavadora

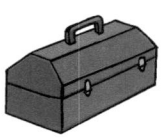

gong ju xiang

caixa de ferramentas

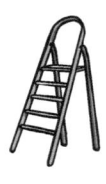

ti zi

escadote

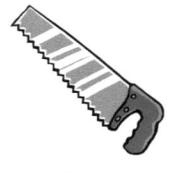

ju zi

serra

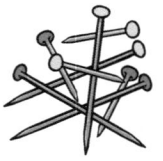

ding zi

pregos

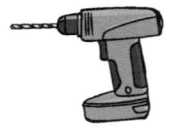

zuan ji

broca

xiu

reparar

chan zi

pá

kao!

porcaria!

bo ji

pá de lixo

you qi tong

pote de tinta

luo si

parafusos

yue qi

instrumentos musicais

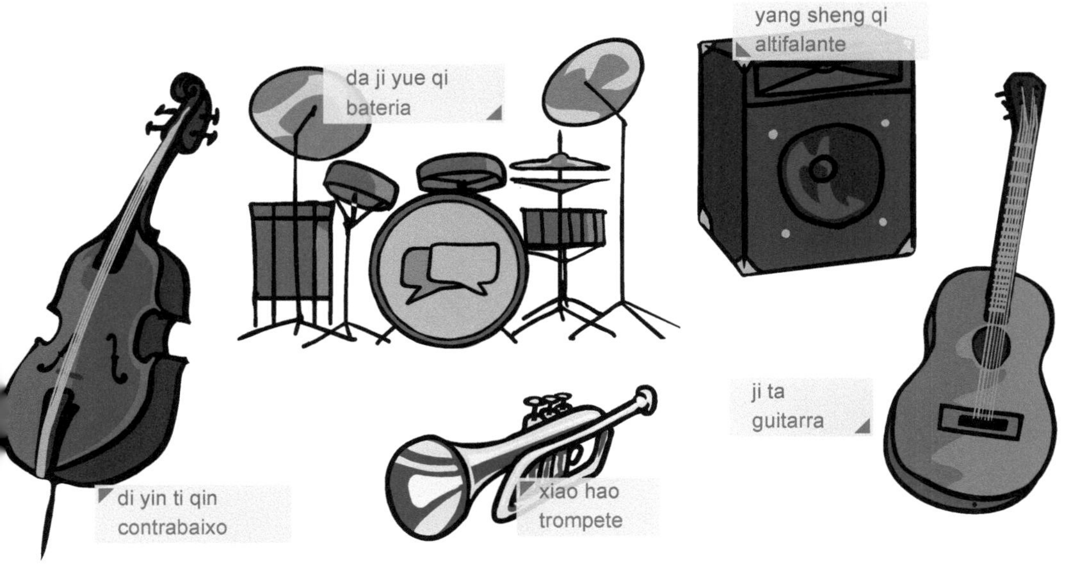

da ji yue qi
bateria

yang sheng qi
altifalante

ji ta
guitarra

di yin ti qin
contrabaixo

xiao hao
trompete

gang qin

piano

xiao ti qin

violino

bei si

baixo

ding yin gu

timbales

gu

tambor

dian zi qin

teclado

sa ke si guan

saxofone

chang di

flauta

mai ke feng

microfone

dong wu yuan
jardim zoológico

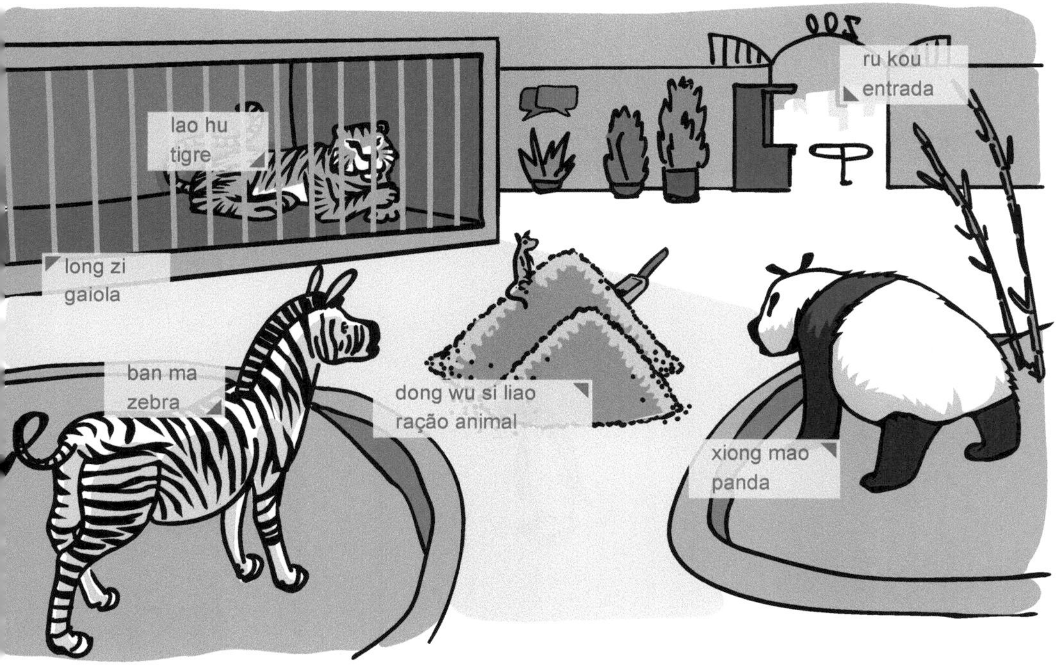

ru kou
entrada
lao hu
tigre
long zi
gaiola
ban ma
zebra
dong wu si liao
ração animal
xiong mao
panda

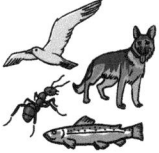

dong wu

animais

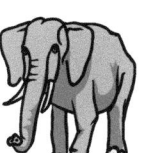

da xiang

elefante

dai shu

canguru

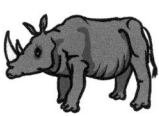

xi niu

rinoceronte

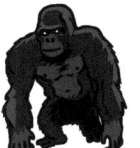

da xing xing

gorila

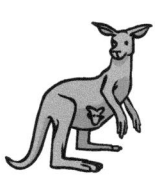

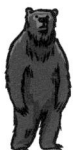

xiong

urso

luo tuo

camelo

tuo niao

avestruz

shi zi

leão

hou zi

macaco

huo lie niao

flamingo

ying wu

papagaio

bei ji xiong

urso polar

qi e

pinguim

sha yu

tubarão

kong que

pavão

she

cobra

e yu

crocodilo

dong wu yuan guan li yuan

guarda do jardim zoológico

hai bao

foca

mei zhou bao

jaguar

ai zhong ma

pónei

bao

leopardo

he ma

hipopótamo

chang jing lu

girafa

lao ying

águia

ye zhu

javali

yu

peixe

gui

tartaruga

hai xiang

morsa

hu li

raposa

ling yang

gazela

gan lan qiu
futebol americano

qi zi xing che
ciclismo

wang qiu
ténis

lan qiu
basquetebol

you yong
natação

quan ji
boxe

bing qiu
hóquei no gelo

ying shi zu qiu

futebol

yu mao qiu

badminton

tian jing

atletismo

shou qiu

andebol

hua xue

esqui

ma qiu

polo

huo dong
atividades

xiao
rir
tiao
saltar
yong bao
abraçar
zou lu
andar
chang
cantar
zuo meng
sonhar
qi dao
rezar
qin wen
beijar

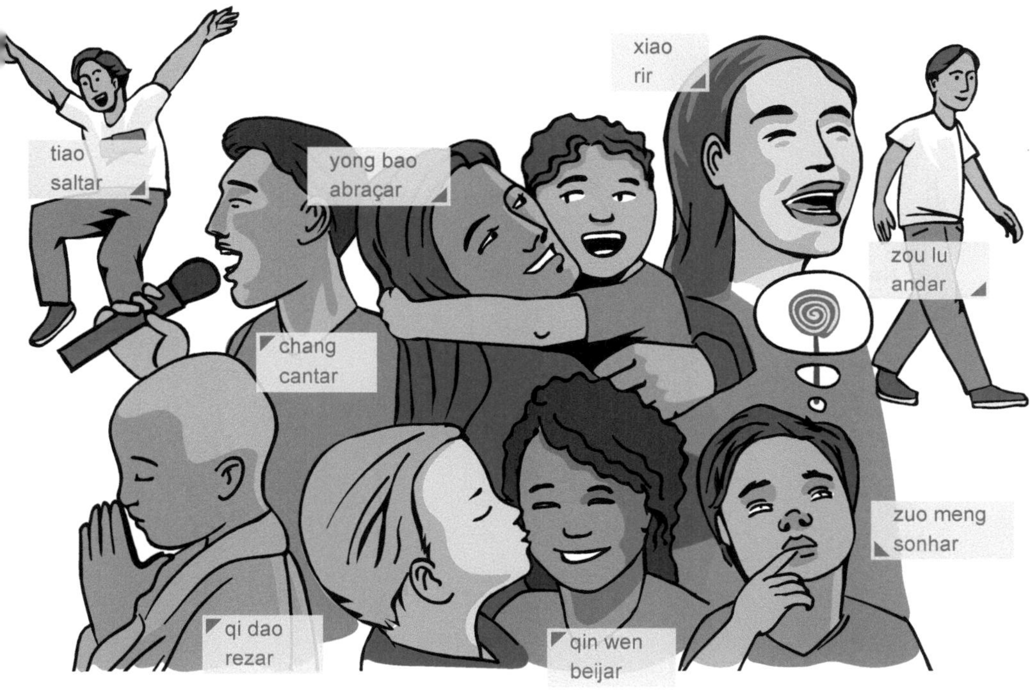

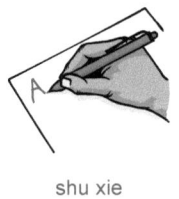

shu xie

escrever

hua

desenhar

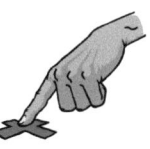

zhan shi

mostrar

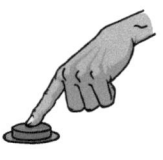

tui

empurrar

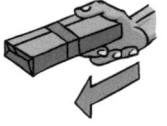

gei

dar

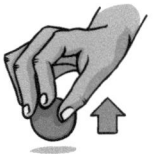

na

tomar

you
ter

zuo
fazer

dang
ser

zhan
ficar de pé

pao
correr

la
puxar

reng
remessar

shuai dao
cair

tang
deitar

deng dai
esperar

xie dai
carregar

zuo
sentar

chuan yi
vestir

shui jiao
dormir

xing lai
acordar

kan

olhar para

ku

chorar

fu mo

acariciar

shu tou

pentear

jiao tan

falar

ming bai

compreender

wen

perguntar

ting

ouvir

he

beber

chi

comer

qing li

arrumar

ai

amar

zuo fan

cozinhar

kai che

conduzir

fei

voar

hang xing

velejar

ji suan

calcular

du

ler

xue xi

aprender

gong zuo

trabalhar

jie hun

casar

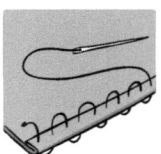

feng

costurar

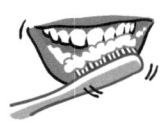

shua ya

escovar os dentes

sha

matar

chou yan

fumar

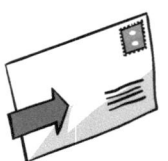

ji

enviar

jia
família

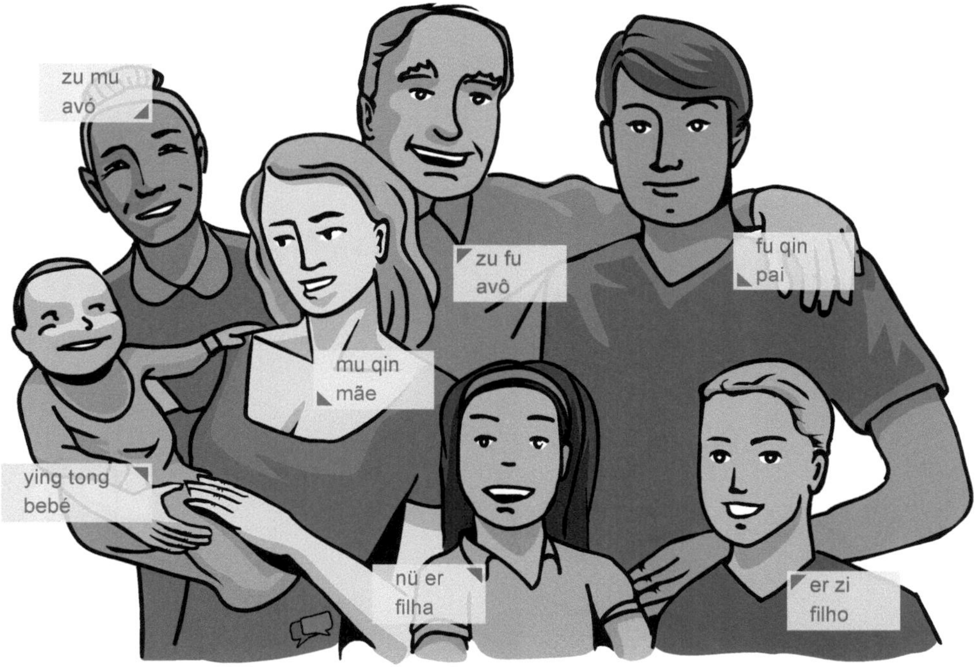
zu mu
avó
zu fu
avô
fu qin
pai
mu qin
mãe
ying tong
bebé
nü er
filha
er zi
filho

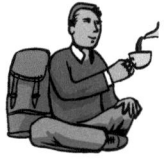

ke ren

convidado

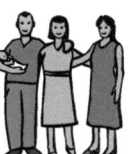

a yi

tia

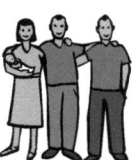

shu shu

tio

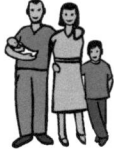

xiong di

irmão

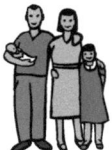

jie mei

irmã

shen ti
corpo

qian e
testa
yan jing
olho
lian
cara
xia ba
queixo
ru fang
peito
shou zhi
dedo
shou
mão
shou bi
braço
jian bang
ombro
tui
perna

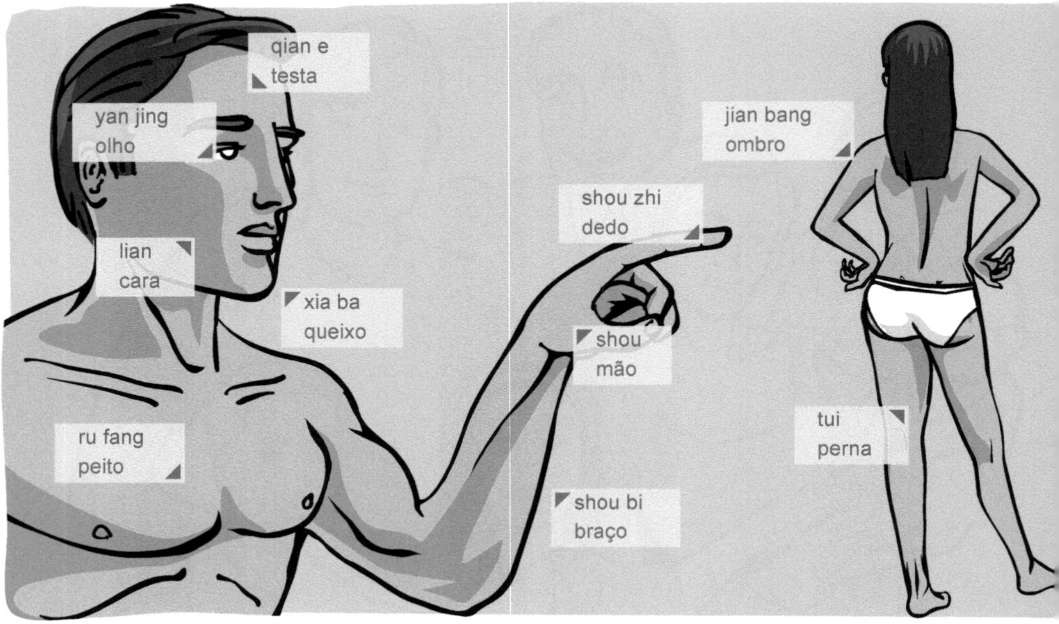

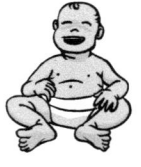

ying tong

bebé

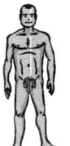

nan ren

homem

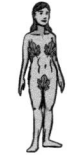

nü ren

mulher

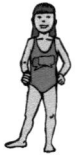

nü hai

menina

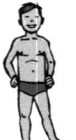

nan hai

menino

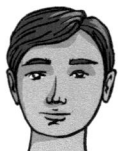

tou

cabeça

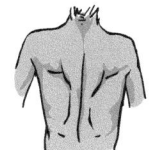

bei bu

costas

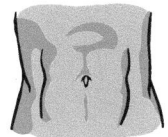

du zi

barriga

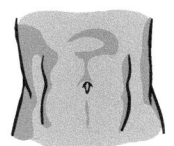

du qi

umbigo

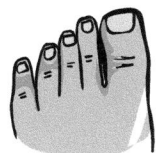

jiao zhi

dedo do pé

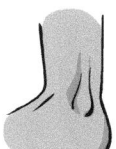

jiao hou gen

calcanhar

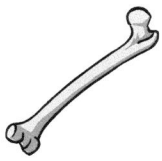

gu tou

osso

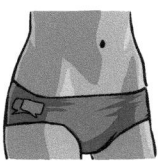

tun bu

anca

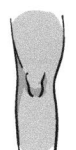

xi gai

joelho

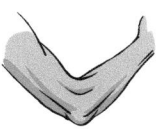

shou zhou

cotovelo

bi zi

nariz

pi gu

nádegas

pi fu

pele

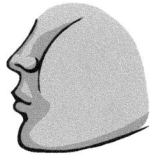

lian jia

bochecha

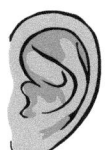

er duo

orelha

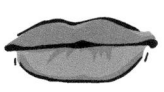

zui chun

lábio

zui

boca

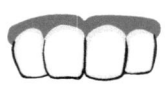

ya chi

dente

she tou

língua

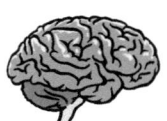

nao

cérebro

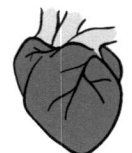

xin zang

coração

ji rou

músculo

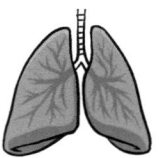

fei

pulmão

gan zang

fígado

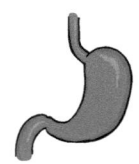

wei

estômago

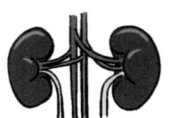

shen zang

rins

xing jiao

relações sexuais

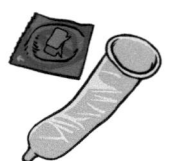

bi yun tao

preservativo

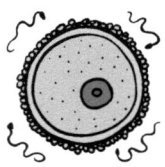

luan zi

óvulo

jing zi

esperma

huai yun

gravidez

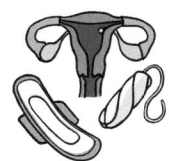

yue jing

menstruação

yin dao

vagina

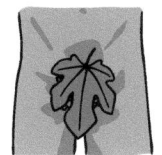

yin jing

pénis

mei mao

sobrancelha

tou fa

cabelo

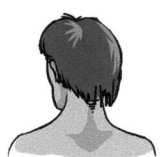

bo zi

pescoço

yi yuan
hospital

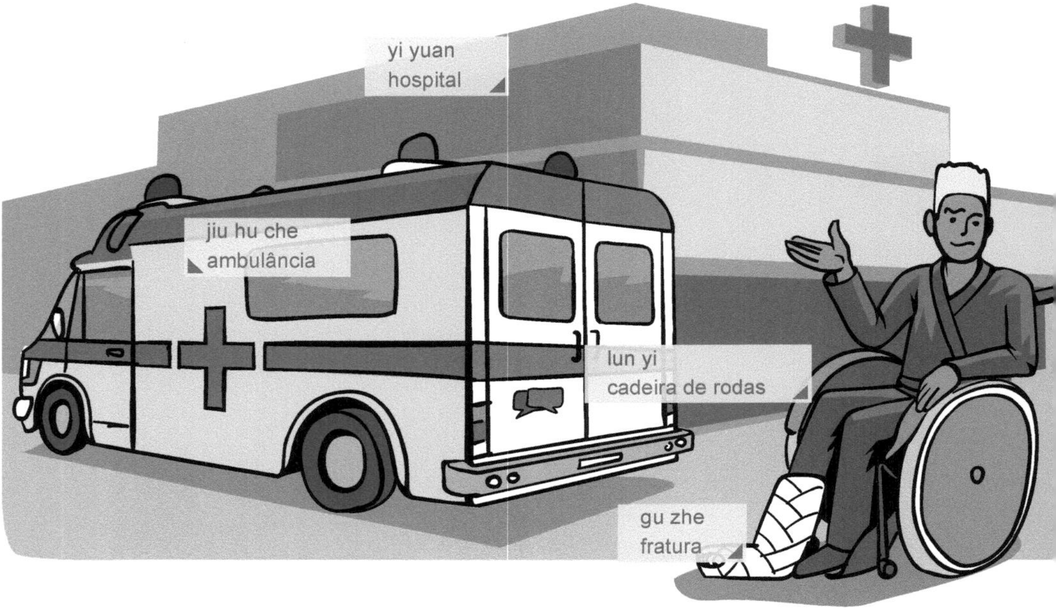

yi yuan
hospital
jiu hu che
ambulância
lun yi
cadeira de rodas
gu zhe
fratura

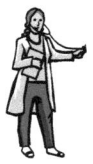

yi sheng

médico

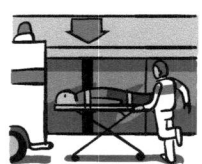

ji zhen shi

serviço de urgências

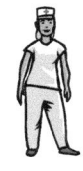

hu shi

enfermeira

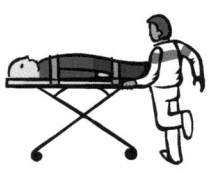

jin ji qing kuang

emergência

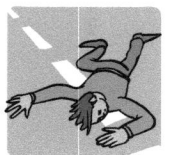

hun mi

inconsciente

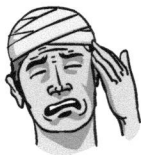

tong

dor

shou shang

ferimento

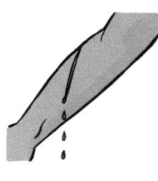

chu xue

hemorragia

xin zang bing fa zuo

ataque cardíaco

zhong feng

acidente vascular cerebral

guo min

alergia

ke sou

tosse

fa shao

febre

liu gan

gripe

fu xie

diarreia

tou tong

dor de cabeça

ai zheng

cancro

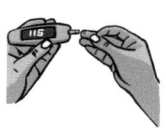

tang niao bing

diabetes

wai ke yi sheng

cirurgião

shou shu dao

bisturi

shou shu

operação

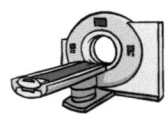

CT
CT

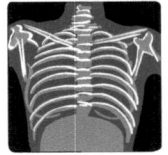

X guang
raio x

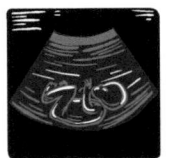

chao sheng bo
ultrassom

kou zhao
máscara

ji bing
doença

hou zhen shi
sala de espera

guai zhang
muleta

shi gao
penso rápido

beng dai
ligadura

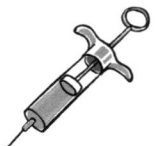

zhu she
injeção

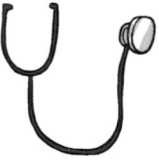

ting zhen qi
estetoscópio

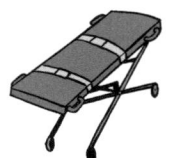

dan jia
maca

ti wen ji
termómetro

chu sheng
nascimento

chao zhong
excesso de peso

zhu ting qi

aparelho auditivo

xiao du ye

desinfetante

gan ran

infeção

bing du

vírus

ai zi bing

HIV / SIDA

yao wu

medicamento

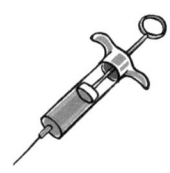

jie zhong yi miao

vacinação

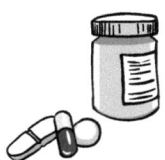

yao pian

comprimidos

yao wan

pílula

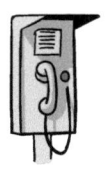

ji jiu dian hua

chamada de emergência

xue ya ji

dispositivo de medição de pressão arterial

sheng bing/jian kang

doente / saudável

jiu ming!

Socorro!

jing bao

alarme

tu ji

assalto

gong ji

ataque

wei xian

perigo

jin ji chu kou

saída de emergência

zhao huo la!

Fogo!

mie huo qi

extintor de incêndios

yi wai

acidente

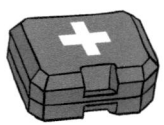

ji jiu xiang

estojo de primeiros socorros

hu jiu xin hao

SOS

jing cha

polícia

ou zhou

Europa

bei mei zhou

América do Norte

nan mei zhou

América do Sul

fei zhou

África

ya zhou

Ásia

ao zhou

Austrália

da xi yang

Atlântico

tai ping yang

Pacífico

yin du yang

Oceano Índico

nan bing yang

Oceano Antártico

bei bing yang

Oceano Ártico

bei ji

Polo Norte

nan ji

Polo Sul

nan ji zhou

Antártica

di qiu

terra

lu di

país

hai

mar

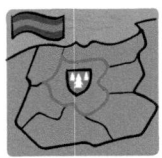

dao

ilha

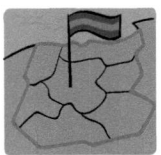

guo jia

nação

guo jia

estado

zhong mian

mostrador do relógio

shi zhen

ponteiro das horas

fen zhen

ponteiro dos minutos

miao zhen

ponteiro dos segundos

xian zai ji dian?

Que horas são?

tian

dia

shi jian

tempo

xian zai

agora

dian zi biao

relógio digital

fen

minuto

shi

hora

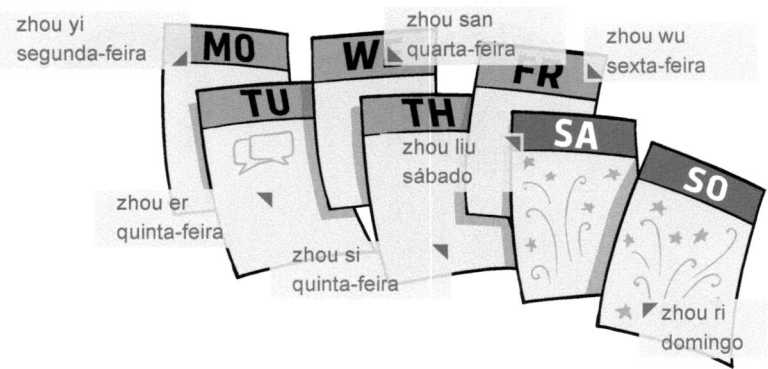

zhou yi — segunda-feira
zhou san — quarta-feira
zhou wu — sexta-feira
zhou er — quinta-feira
zhou si — quinta-feira
zhou liu — sábado
zhou ri — domingo

zuo tian	jin tian	ming tian
ontem	hoje	amanhã

zao chen	zhong wu	wan shang
manhã	meio-dia	entardecer

MO	TU	WE	TH	FR	SA	SU
1	2	3	4	5	6	7
8	9	10	11	12	13	14
15	16	17	18	19	20	21
22	23	24	25	26	27	28
29	30	31	1	2	3	4

gong zuo ri
dias úteis

MO	TU	WE	TH	FR	SA	SU
1	2	3	4	5	6	7
8	9	10	11	12	13	14
15	16	17	18	19	20	21
22	23	24	25	26	27	28
29	30	31	1	2	3	4

zhou mo
fim de semana

nian

ano

yu
chuva
cai hong
arco-íris
feng
vento
xue
neve
chun
primavera
xia
verão
qiu
outono
dong
inverno

4.APRIL 11°
5.APRIL 4°
6.APRIL 13°
7.APRIL 8°
8.APRIL 10°

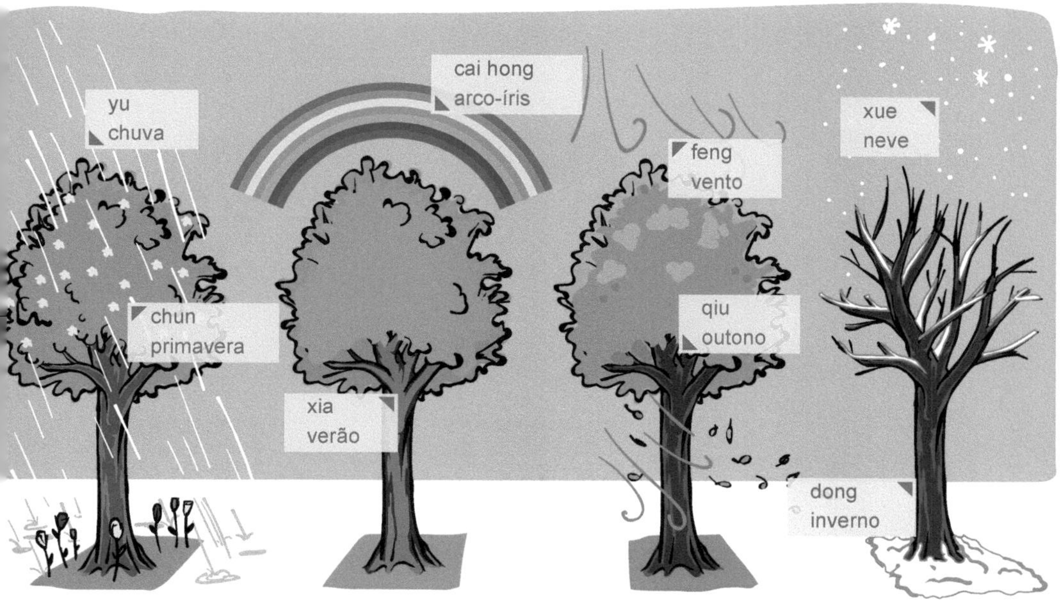

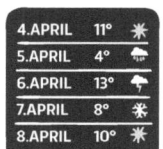

tian qi yu bao

previsão do tempo

F
C

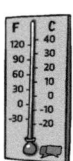

wen du ji

termómetro

yang guang

raios de sol

yun

nuvem

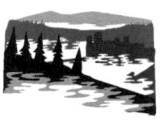

wu

neblina / nevoeiro

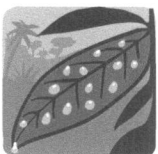

chao shi

humidade do ar

shan dian

relâmpago

da lei

trovão

feng bao

tempestade

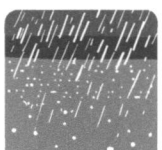

bing bao

granizo

ji feng

monção

hong shui

inundação

bing

gelo

yi yue

janeiro

er yue

fevereiro

san yue

março

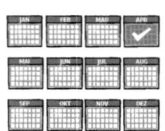

si yue

abril

wu yue

maio

liu yue

junho

qi yue

julho

ba yue

agosto

nian - ano

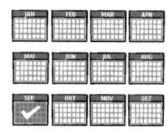

jiu yue

setembro

shi yue

outubro

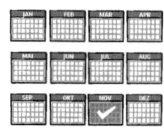

shi yi yue

novembro

shi er yue

dezembro

yuan xing

círculo

zheng fang xing

quadrado

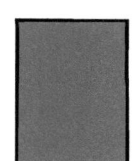

chang fang xing

retângulo

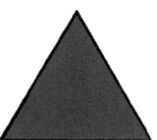

san jiao xing

triângulo

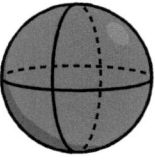

qiu ti

esfera

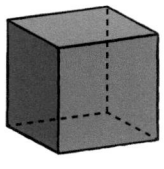

li fang ti

cubo

cores

bai
....
branco

huang
....
amarelo

cheng
....
laranja

fen
....
rosa

hong
....
vermelho

zi
....
lilás

lan
....
azul

lü
....
verde

zong
....
castanho

hui
....
cinzento

hei
....
preto

hen duo/shao xu

muito / pouco

sheng qi/ping jing

furioso / calmo

mei/chou

lindo / feio

shou/wei

princípio / fim

da/xiao

grande / pequeno

ming/an

claro / escuro

xiong di/jie mei

irmão / irmã

gan jing/ang zang

limpo / sujo

wan zheng/que shi

completo / incompleto

bai tian/wan shang

dia / noite

si/sheng

morto / vivo

kuan/zhai

largo / estreito

ke shi yong/fei shi yong

comestível / não comestível

xie e/shan liang

mau / gentil

xing fen/wu liao

entusiasmado / entediado

pang/shou

gordo / magro

di yi/zui hou

primeiro / último

peng you/di ren

amigo / inimigo

man/kong

cheio / vazio

ying/ruan

duro / macio

zhong/qing

pesado / leve

e/ke

fome / sede

sheng bing/jian kang

doente / saudável

fei fa/he fa

ilegal / legal

cong ming/yu ben

inteligente / burro

zuo/you

esquerda / direita

jin/yuan

perto / longe

xin/jiu

novo / usado

mei you/you xie

nada / algo

lao/you

velho / jovem

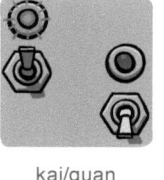

kai/guan

ligado / desligado

da kai/he shang

aberto / fechado

an jing/chao nao

baixo / alto

fu/qiong

rico / pobre

dui/cuo

certo / errado

cu cao/guang hua

áspero / liso

shang xin/gao xing

triste / feliz

duan/chang

curto / longo

man/kuai

lento / rápido

shi/gan

molhado / seco

wen nuan/liang shuang

ameno / fresco

zhan zheng/he ping

guerra / paz

0

ling

zero

1

yi

um

2

er

dois

3

san

três

4

si

quatro

5

wu

cinco

6

liu

seis

7

qi

sete

8

ba

oito

9

jiu

nove

10

shi

dez

11

shi yi

onze

12
shi er

doze

13
shi san

treze

14
shi si

catorze

15
shi wu

quinze

16
shi liu

dezasseis

17
shi qi

dezassete

18
shi ba

dezoito

19
shi jiu

dezanove

20
er shi

vinte

100
bai

cem

1.000
qian

mil

1.000.000
bai wan

milhão

ying yu

inglês

mei shi ying yu

inglês americano

pu tong hua

chinês mandarim

yin di yu

hindi

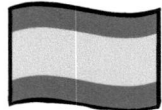

xi ban ya yu

espanhol

fa yu

francês

a la bo yu

árabe

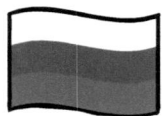

e yu

russo

pu tao ya yu

português

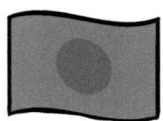

feng jia la yu

bengalês

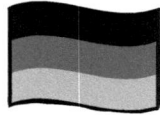

de yu

alemão

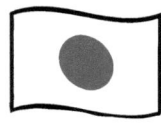

ri yu

japonês

wo

eu

ni

tu

ta/ta/ta

ele / ela

wo men

nós

ni men

vós

ta men

eles / elas

shei?

quem?

shen me?

o quê?

zen yang?

como?

na li?

onde?

shen me shi hou?

quando?

ming zi

nome

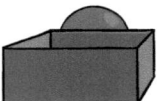

hou mian

atrás

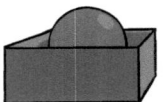

li mian

em

qian mian

à frente de

shang fang

sobre

shang mian

em cima

xia mian

debaixo

pang bian

ao lado

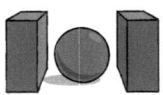

zhong jian

entre

di dian

lugar